DEVOIR ET DROIT

PROVIDENTIEL

DES PEUPLES

LE PEUPLE ARABE PEUT-IL ÊTRE FRANÇAIS, MÊME S'IL DÉSIRAIT L'ÊTRE

APPLICATION DES MÊMES PRINCIPES

A LA

SITUATION DE LA DÉMOCRATIE

« L'homme ne fait pas les lois, il les découvre. »
Pythagore, Cicéron, Montesquieu,
de Bonald, etc.

Aucune puissance humaine qui reconnaît Dieu, être éternel et créateur, peut-elle dire à un peuple quelconque : ton individualité disparaîtra ; mon nom sera désormais le tien ; tu ne seras plus ce que l'ordre universel et providentiel t'a destiné à être par toi même comme famille distincte de l'humanité ; tu seras assimilé à ma race ? (Voir pages 6 à 8 les explications.) **P. W.**

Les citoyens de la vieille Gaule des Druides, seront-ils obligés de donner la qualification de *français* aux Arabes mahométants qui pratiquent la polygamie comme leur loi sociale, en foulant aux pieds le premier principe de toute civilisation véritable !
Quelles seraient les conséquences d'un tel fait sur la tendance si prononcée à régir nos mœurs par la liberté absolue ? **R. G.**

Prix : **50 centimes**

L.-P. RICHE-GARDON, PUBLICISTE-ÉDITEUR

5, RUE DE LA BANQUE, A DROITE DANS LE PASSAGE, AU 3e

PARIS

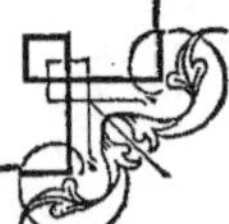

PRINCIPAUX OUVRAGES DE LA MÊME SOCIÉTÉ

QUI COMPLÈTENT L'ŒUVRE DE RENAISSANCE

DU DROIT DE COLONISER

D'APRÈS LE DEVOIR ET LE DROIT PROVIDENTIEL DES PEUPLES

OU LE PEUPLE ARABE PEUT-IL ÊTRE FRANÇAIS
MÊME S'IL DÉSIRAIT L'ÊTRE

Humbles représentations sur l'art. 1ᵉʳ du Projet de Sénatus-Consulte concernant l'Algérie.

Messieurs les Sénateurs,

En présence de tous les entraînements des théocraties qui paraissent oublier la soumission due à l'ordre universel ou providentiel, et laisser aux pouvoirs civils la tâche sainte de représenter la justice et le progrès moral ;

En présence des négations religieuses opiniâtrément répandues par les doctrines de liberté *absolue*, agissant sous la même impulsion et par une réaction sans mesure contre les entraînements des mêmes théocraties ;

Observateurs attentifs du trouble moral croissant qui résulte de cette situation et qui mine sans cesse les fondements de l'ordre moral social, des Français restés fidèles aux lois divines, qu'ils considèrent comme le palladium de toute liberté et de toute prospérité morale et matérielle, se sont émus profondément à la lecture de l'art. 1ᵉʳ du projet de sénatus-consulte proposé au Sénat touchant l'Algérie.

Cet article est ainsi conçu : « *L'indigène musulman* (1) *est Français*. Néanmoins, il continue à être régi par la loi musulmane. »

Le langage du chef de l'État à l'égard du peuple arabe s'était

---

(1) Le mot *musulman* ayant chez les Arabes la signification de *vrai croyant*, nous avons cru devoir dire *arabe mahométan*. Il est peut-être bon de ne pas habituer les Arabes à nous entendre leur donner la qualification de vrais croyants, qualification qui leur reconnaît une supériorité religieuse, et cette supériorité ne saurait être revendiquée par eux que pour leur formule fondamentale ainsi exprimée : Dieu est l'être éternel et créateur : et *il n'y a que Dieu qui soit Dieu !*

produit antérieurement dans un sens qui exprimait tout respect pour le droit naturel ou providentiel de l'indigène algérien.

Le langage du Conseil d'État ci-dessus rapporté ne semble-t-il pas une concession indirectement faite à l'esprit sceptique, positiviste ou anti-déiste, comme à celui des théocraties qui mettent l'homme à la place de Dieu? Et cet esprit qui envahit les sociétés modernes et qui les livrerait bientôt complétement à l'arbitraire humain, au droit du plus habile ou du plus fort, n'est-il pas le fléau des civilisations modernes, dans l'Occident de l'Europe particulièrement?

L'*esprit conservateur* des vieilles traditions n'a cessé de se récrier contre l'*esprit révolutionnaire*, même lorsque, — comme en 1789, — cet esprit n'était que l'inspiration des principes de justice et de fraternité enseignés par l'*Ancien* et surtout par le *Nouveau Testament* comme une prescription divine, comme la pensée du Père éternel dans l'œuvre de la création.

Si l'*esprit révolutionnaire* répandu dans certaines écoles démocratiques s'égare jusqu'à la méconnaissance des lois premières de tout ordre social comme des principes éternels de la vie humaine, ne trouve-t-on pas très-déplorablement, dans trop de régions supérieures d'où la lumière doit descendre sur tous et d'où l'impulsion sociale et éducationnelle descend toujours, ne voit-on pas descendre de ces régions supérieures des signes positifs de la tendance de l'orgueil humain à oublier la soumission due à l'ordre universel et à *mettre l'homme à la place de Dieu?*

L'histoire, scrutatrice des causes, ne signalera-t-elle pas l'*esprit révolutionnaire* comme descendu des théocraties et des autocraties, qui, sans s'en douter peut-être, ont été révolutionnaires contre Dieu et son ordre providentiel, et ont ainsi engendré l'esprit révolutionnaire démocratique, appelé d'abord à résister aux oppressions, puis entraîné à devenir négateur des principes et des conditions de l'ordre moral social même?

Le temps n'est-il pas venu, messieurs les Sénateurs, de demander à tous les législateurs et à tous les pouvoirs de s'abstenir au moins des déclarations de nature à perpétuer le trouble moral qui désole les sociétés modernes en menaçant leurs bases mêmes?

Telle est la pensée que nous a suggérée l'art. 1er du sénatus-consulte, et cette pensée nous a dicté le devoir que cette pétition essaye de remplir dans une très-humble mesure.

PRINCIPES D'ORDRE UNIVERSEL OU PROVIDENTIEL

Dieu a laissé à chaque être humain individuel ou collectif le devoir de s'épanouir *par la liberté* et la raison, conformément aux lois de l'ordre moral et en vue de sa tâche providentielle, de même que l'ordre universel assure l'épanouissement des êtres inférieurs qui ne sont pas conscients de leur destinée. *L. P.*

Chaque peuple forme une famille humaine providentiellement appelée à une tâche spéciale dans l'œuvre d'harmonie qui est la mission de chaque grande famille dite humanité.

Le droit de chaque peuple à s'épanouir librement et harmoniquement, selon ses essors naturels et en vue de sa tâche providentielle, est aussi sacré que le foyer domestique de chaque famille individuelle.

La variété des naturels des peuples caractérise la tâche providentielle qui leur est assignée et qui répond au climat et au sol par lesquels ils développent leur existence.

La variété des naturels et des civilisations des peuples répond à la variété infinie des naturels que l'on remarque chez les individus et chez les familles d'un même peuple.

Cette variété est la condition de l'harmonie universelle, parce qu'elle est ralliée dans la grande unité de l'ordre providentiel, dont elle est un moyen ; et cette unité est la loi de vie et la sanction de la variété infinie des êtres, des familles, des sociétés, des peuples et des situations !

Porter atteinte directement ou indirectement à l'essor providentiel des peuples, à leur caractère spécial, en préjudiciant à leur unité naturelle, n'est-ce pas violer le premier droit des peuples, qui est le droit de Dieu même, en vue des conditions d'harmonie de son ordre éternel ?

Le droit de coloniser ne répond-t-il pas au devoir de féconder et d'harmoniser toutes les parties de la planète conformément aux lois de l'ordre universel ?

Ce devoir de coloniser ne satisfait-il pas à la tâche providentielle de l'homme, individu, famille ou nation, d'être l'humble mais actif collaborateur ou ministre du Créateur, sur chaque globe où l'être humain vient développer une existence spéciale pour accomplir une partie de son immortelle destinée ?

Le devoir de coloniser ne consiste-t-il pas à porter aux peuples chez qui le sentiment de la destinée humaine n'est pas encore développé, l'initiation libre aux lois générales et spéciales de leur globe et à l'histoire du développement de l'humanité terrestre, c'est-à-dire des connaissances acquises par les âges antérieurs de la même humanité?

La rémunération des individus, des familles, des nations ou des sociétés commerciales qui accomplissent le devoir de coloniser, n'est-elle pas large et féconde? n'est-t-elle pas très-assurée par la sécurité et la confiance, dès que ce devoir s'accomplit dans les conditions de l'ordre moral, avec l'appui d'une force suffisante pour le faire respecter?

L'observation des faits le dit sans doute assez péremptoirement.

N'est-il pas temps de mettre fin aux troubles, aux souffrances morales et physiques, aux périls, aux déceptions ruineuses qui atteignent les colonisateurs, surtout ceux qui n'agissent pas avec de puissants moyens d'action?

Et la première condition d'arriver à la prospérité facile par un travail raisonnable n'est-elle pas, pour tous les colons comme pour tous les humains, de se placer d'abord dans les conditions générales de fécondité assignées à l'homme par l'ordre naturel, œuvre du Créateur?

Lorsque la méconnaissance des prescriptions de l'ordre naturel ou divin à l'égard de la santé de nos corps produit fatalement un mal croissant tant que l'on ne sait pas pratiquer ce que cet ordre exige, comment douter que tout bien-être, pour les colonisateurs comme pour tous les industriels ou commerçants, dépend du respect de l'homme pour les conditions générales d'existence et de développement assignées aux individus, aux familles et aux peuples par l'ordre providentiel?

S'il nous était donné, dans une pétition de ce caractère, d'exposer les faits de colonisation de tous genres, leurs moyens et leurs résultats, il serait facilement prouvé ceci, messieurs les Sénateurs :

C'est que la méconnaissance des devoirs d'ordre naturel de tout colonisateur a été *partout*, et en Algérie non moins qu'ailleurs, la cause directe des malheurs des colons; c'est que les colons les plus faibles, ceux qui agissent par simples familles, ceux qui sont ainsi le germe des grandes et puissantes populations, ont toujours été la victime de toute méconnaissance du devoir sus-rappelé. Cette méconnaissance n'a profité qu'aux puissantes compagnies et aux États qui, ne rêvant que richesses ou domination par l'exploitation abusive de la famille humaine, qui est celle de Dieu, n'ont jamais eu peut-être le sentiment du devoir de colonisation, sans lequel aucun droit de ce caractère ne peut exister : l'exercice du prétendu droit de conquête ou de domination n'est-il pas une violation de la loi divine?

Mais ne serait-il pas dérisoire à nous d'exposer ici les faits de ce genre, lorsque les éminents esprits, si nombreux au Sénat, sont à tous égards nos maîtres dans ces grandes questions d'histoire? Nous n'avions donc qu'à les indiquer!

Quant à la France, dont les intérêts matériels comme les intérêts moraux sont, de par l'ordre providentiel, ceux de l'ordre moral même, c'est-à-dire ceux de tous les peuples ; quant aux colons français, qui ne peuvent trouver leur prospérité et qui ne la veulent certainement que par les dignes moyens assignés à la destinée de leur patrie, les succès d'exploitation abusive ne sauraient jamais être leur lot : le privilége naturel de ce qui est français, c'est de ne pouvoir jamais être heureux par le mal d'autrui, ni par l'abaissement de son propre sens moral!

Quant au peuple arabe, dont l'ignorance relative pourrait — peut-être — se trouver partiellement entraînée à céder au mirage d'une nationalité brillante et puissante, mais anti-providentielle dans son action à leur égard, car elle n'est point douée des facultés propres à une civilisation véritable des peuples africains, ce peuple arabe peut être égaré par notre puissance : serait-il destiné à rester notre instrument de production comme les Indiens et d'autres populations l'ont été de l'ambition britannique?

Qui donc le voudrait en France et en Algérie?

Et qui peut méconnaître que l'article 1er du projet de sénatus-consulte contient en germe ce résultat ?

Tout principe mis en action n'a-t-il pas ses conséquences inexorables, surtout lorsqu'il est mis en pratique par une grande puissance qui a ses entraînements naturels à prévoir?

Gouvernement et colons français ne voudront pas oublier que leur prospérité coloniale dépend absolument de l'accomplissement de leurs devoirs de colonisateurs, que l'on peut résumer ainsi :

1º Respect du caractère providentiel de chaque peuple et de son autonomie administrative en vue de la civilisation qui lui est spéciale.

2º Concours permanent au peuple arabe pour l'initier aux sciences naturelles, à l'application de ces sciences, aux industries agricoles et manufacturières ; que dans chaque centre de l'Algérie, des écoles arabes soient constituées à cette fin et que l'on y enseigne aussi, avec la cosmographie, l'histoire et la morale universelles : alors le *fatalisme musulman* sera bientôt dissipé avec toutes ses conséquences.

3° Qu'une organisation civile, équitable et forte, établie partout où les Européens cultiveront ou feront cultiver plus de terres que les Arabes, soit appuyée par une force militaire capable de faire respecter l'œuvre sainte de la colonisation, manifestement prescrite par la loi divine aux nations capables de donner l'initiation à l'ordre moral social !

N'est-ce pas d'une telle situation que l'on verra surgir les conditions de l'ordre de sécurité, de prospérité et de confiance qui sera respecté par l'indigène arabe dès qu'il aura pu l'apprécier comme étant la garantie-même de sa mission de peuple arabe en favorisant son progrès moral, tandis qu'il conspirera toujours, — instinctivement même, — contre un ordre de choses contraire à l'accomplissement de sa destinée providentielle comme peuple africain ?

Pour méconnaître la réalité de ces prévisions, il faudrait s'illusionner assez pour admettre, en oubliant l'histoire romaine, que la France peut être à la fois européenne et africaine, comme elle a été gauloise et franque : cette dernière évolution était naturelle, comme il sera naturel que les Arabes algériens régénèrent plus tard ceux du Maroc et des autres contrées de l'Afrique, car ils seront là dans l'action de leur destinée naturelle.

Telles sont, messieurs les Sénateurs, les convictions profondes qui ont déterminé les personnes soussignées à soumettre à votre haute appréciation la présente pétition touchant l'art. 1ᵉʳ du projet de sénatus-consulte relatif à l'Algérie.

Les déclarations faites antérieurement par le chef de l'État au sujet du peuple arabe, et rappelées plus haut, semblent avoir été inspirées par un sentiment tout à fait en analogie avec celui de la destinée obligatoire des peuples.

Mais dans les temps de trouble moral, ceux qui souffrent ayant perdu souvent la notion des conditions premières de toute vie sociale ou industrielle, repoussent alors ce qui doit faire leur salut, et à force de plaintes et de pressions ils arrivent à persuader tout monarque ambitieux d'établir les conditions d'une prospérité générale, que l'ordre des faits contingents, l'application du pouvoir souverain des États, doit déterminer ce qui ne peut résulter que du respect primordial des lois de l'ordre universel, par lequel seul les vies individuelles et collectives ont eu leur éclosion et peuvent avoir leur développement harmonique.

Un tel aveuglement n'est-il pas naturel de nos jours?

L'organisation d'une nouvelle société en Algérie, par l'action du devoir de coloniser, ne pourrait-elle pas être, messieurs les Sénateurs, par votre haute influence, la déterminante d'une impulsion rationnelle donnée au droit public des nations?

Si les vieilles sociétés de l'Europe occidentale s'agitent douloureusement dans leur prétendue civilisation, ne devient-il pas de plus en plus évident que la cause de leurs souffrances réside dans la méconnaissance des devoirs de la liberté et de la raison humaine à l'égard du même ordre divin ; et les pouvoirs comme les peuples n'ont-ils pas plus ou moins fait preuve de la même méconnaissance?

Si la grave question soulevée par la présente pétition ne devenait pas le sujet d'un éclaircissement descendu du siége des délibérations du Sénat, que devraient espérer les Français qui se préoccupent justement de la situation faite à l'ordre moral dans notre patrie, puisque ici, messieurs les Sénateurs, il y a bien plus qu'une question algérienne, il y a surtout, on ne saurait trop le répéter, la question des bases de l'ordre moral social même!

N'est-ce pas à vous, messieurs les Sénateurs, qu'il appartient de rappeler aux principes tutélaires, palladium de tous les justes droits parce qu'ils sont l'expression de la loi divine même? La lumière vient d'en haut! A vous d'éclairer tous ceux que le trouble moral du temps aveugle de plus en plus touchant les vrais moyens de protéger les intérêts industriels, commerciaux et financiers, auxquels ils sont voués en vue de la prospérité générale.

A vous de proclamer bien haut pour les pouvoirs comme pour les simples citoyens, que la liberté et la raison humaines s'agiteront pour le mal tant qu'elles n'auront pas pour mobile la tâche providentiellement attribuée aux individus, aux familles, aux sociétés industrielles et aux peuples, qui forment notre humanité terrestre!

Telle est la foi des personnes soussignées!

Résumons enfin notre pensée, trop longuement exposée.

Messieurs les Sénateurs,

Aucune puissance humaine qui reconnaît Dieu Être éternel et créateur pourrait-elle jamais par ses actes dire à un peuple quelconque :

Pour t'arracher aux mœurs, aux coutumes plus ou moins barbares ou animales que ma race a pratiquées aussi dans ses âges d'enfance, je ne viens pas te dire, en frère aîné plus initié que toi à l'ordre moral :

Observe l'ordre du monde céleste et celui de la nature physique intellectuelle et morale sur cette planète, où nous devons accomplir une phase préparatoire sans doute de notre immortelle destinée.

Étudie les lois générales et spéciales de l'ordre naturel universel, œuvre de Dieu seul, et applique-toi à réaliser par toi-même dans les familles, les communes ou tribus et dans ton peuple entier, l'ordre de progrès moral, qui est la tâche manifeste de l'être humain.

Inspire-toi de tout ce que la civilisation que notre pays a réalisée peut avoir de bien, et rejette ce qu'elle a produit de mal.

Inspire-toi de ton esprit naturel et de la mission spéciale qui t'est départie comme peuple d'une contrée assez différente de la nôtre : car l'harmonie de l'humanité terrestre résultera de la variété des harmonies sociales que les divers peuples y auront établies par leur propre autonomie, selon les climats, les sols, les naturels distincts, en vue de la glorification de Dieu.

Je te préviens que je ferai respecter inexorablement, par la force des armes s'il le faut, les justes droits que tous nationaux acquerront équitablement sur ton territoire par l'accomplissement des devoirs pénibles de colonisateur : devoirs sacrés et exercés au nom de la loi divine, tant qu'ils sont accomplis dans les conditions ci-dessus exposées.

Non, je ne viens point te tenir ce langage, qui m'imposerait une tâche assez douce et plus facile sans doute que celle dont les coutumes nationales des civilisations si vantées ont consacré l'usage dans les faits de colonisation.

Je viens te dire :

Tu es un peuple conquis ; tu passeras graduellement sous la domination de notre puissance nationale.

Dès ce jour, tu prends notre nom ; tu perdras insensiblement par l'action de nos institutions ton caractère de famille spéciale de l'humanité ou de peuple distinct, ce que tu étais de par l'ordre naturel et providentiel.

L'assimilation de ta race avec la nôtre s'accomplira autant que l'inexorable loi de la nature pourra le permettre : tu seras ainsi appelé à jouir de tous nos droits, selon que tu sauras t'en rendre digne par ton empressement à seconder nos vues assez louables, puisqu'elles ont pour but de t'élever jusqu'à nous.

Pour nous, messieurs les Sénateurs, le premier de ces deux langages était implicitement contenu dans les paroles prononcées antérieurement par le chef de l'État, à l'égard du peuple arabe : paroles malheureusement trop peu comprises des colons algériens, absorbés alors par la pensée de s'affranchir d'une administration militaire, bien qu'en reconnaissant et proclamant tout ce que l'Algérie doit à l'armée.

Le second de ces deux langages, ne sera-t-il pas une conséquence de fait, fatalement déterminée par l'art. 1er du projet de sénatus-consulte émané du Conseil d'État, et même du rapport commentateur de cet acte présenté au Sénat par l'honoré M. Delangle?

Assurément ces deux langages déduits des faits annoncés et inspirés par des impressions différentes, résultent l'un et l'autre d'intentions excellentes et d'un désir manifeste d'accomplir de grands devoirs; mais leur portée n'a sans doute pas été suffisamment approfondie.

Le second de ces langages ne réalise-t-il pas la tendance constante des théocraties, autocratie et démocratie de liberté absolue, à mettre partout l'homme à la place de Dieu, l'arbitraire humain à la place des lois naturelles ou divines? N'est-ce pas une des manifestations de la cause du mal social de notre temps?

Ajoutons à ce résumé cette autre observation, placée en épigraphe de la présente pétition :

Les citoyens de la vieille Gaule des druides seront-ils obligés de donner la qualification de *Français* aux Arabes mahométans qui pratiquent la polygamie comme une loi sociale? Quelles seraient les conséquences d'un tel fait sur la tendance si prononcée à régir nos mœurs par la liberté absolue?

Maintenant, monsieur le président et messieurs les Sénateurs, il ne nous reste qu'à invoquer votre bienveillance pour l'intervention que notre humble tâche de moraliste a cru devoir essayer dans un aussi grave sujet. C'est de vous qu'il dépend d'appuyer les premières impressions du chef de l'État en modifiant le sénatus-consulte œuvre du Conseil d'État, si vous jugez que nos très-humbles mais très-conscientes observations méritent la prise en considération qu'elles réclament.

Quelque tardive que puisse être cette pétition, il nous sera toujours permis d'espérer que les principes qu'elle rappelle exerceront quelque influence sur la pratique future des moyens de colonisation. Et ainsi notre démarche ne restera pas sans produire quelque bien!

Telle est l'humble confiance des soussignés et adhérents.

Nous sommes, avec le plus profond respect, messieurs les Sénateurs, vos très-humbles serviteurs et frères en Dieu.

NOTA. — La présente pétition n'est arrivée au Sénat que le 6 juillet au matin, et la délibération sur le sénatus-consulte y avait eu lieu la veille. Elle fait suite à l'ouvrage du même auteur intitulé : *Avénement d'un nouveau droit public européen.* (Voir la 2ᵉ page de couverture.)

A LA DÉMOCRATIE

La loi d'ordre universel et providentiel rappelée par cet écrit aux théocraties, autocraties, pouvoirs divers, associations et peuples, doit être rappelée par-dessus tout à la démocratie, car c'est à elle qu'est échue l'organisation des sociétés humaines selon l'ordre divin d'harmonie.

Comment ne pas le reconnaître : en Angleterre depuis deux siècles, en Europe et aux États-Unis même depuis 1789, la démocratie cherche *vainement* sa loi !

Pourquoi reste-t-elle impuissante à s'organiser et à s'affranchir d'abord des institutions cléricales, qui donnent, par l'éducation générale, une impulsion contraire aux devoirs qui sont la condition première de tout régime de liberté? Parce qu'elle s'est montrée incapable jusqu'ici de remplacer ces institutions ; et, en fait d'institutions sociales, on ne détruit que ce que l'on remplace quand on n'a pu le transformer.

Une agitation constante, sourde ou manifeste, avec l'absence de la loi d'ordre moral qui doit régir l'évolution sociale qu'on s'efforce de réaliser, une telle agitation a des conséquences fatales qui se manifestent par un trouble moral *croissant*, cause du mal de toutes ces situations. La marche envahissante de ce trouble moral ne nous menace-t-elle pas d'un cataclysme social dès que l'ordre matériel, dont les moyens puissants épuisent les ressources nationales, serait paralysé? Et, dans l'état de l'affaissement moral de toutes les classes, ce cataclysme n'agirait-il pas *finalement* au bénéfice des forces obscurantistes organisées partout et agissant par une action unitaire suffisamment éprouvée?. La réaction de cette force après 1830 et après 1848 ne permet plus de doute à cet égard.

Ne serait-il pas temps que la démocratie voulût étudier ces graves questions avec la méthode de raisonnement rationnel? Ne serait-il pas temps pour elle de renoncer à l'illusion de penser tout savoir sans s'être soumis aux conditions des connaissances supérieures, et à croire que la devise : *Liberté*, *égalité*, *fraternité*, suffit à tout? Les préjugés démocratiques, s'ils sont plus généreux dans leur expression, ne sont pas moins funestes dans leurs résultats : ne compromettent-ils pas depuis trente années la plus belle part des conquêtes morales de nos pères? On ne peut plus le contester aujourd'hui.

' N'est-il pas visiblement établi que tant que la démocratie veut imaginer ou inventer la loi d'ordre moral, au lieu d'appliquer celle que l'ordre universel assigne pour tâche à la raison humaine, elle ne fait que perpétuer les institutions obscurantistes par la preuve de sa propre impuissance?

Après l'orgueil trop ridicule manifesté par la prétention d'éliminer l'idée de Dieu, il n'y a plus d'aberration démocratique supérieure à produire. Les maladies morales de tous les âges critiques des sociétés ont produit en Europe leur *épidémie morale* : cette épidémie s'est assez développée. Le culte du positivisme mettant l'homme à la place de Dieu et proclamant la morale indépendante de tout ordre providentiel, d'après Auguste Comte, Proudhon, Girardin et consorts, complète le rachitisme moral qui envahit toutes les régions sociales, en mettant toujours en présence thèse et antithèse, cléricalisme et athéisme : puisque l'athéisme n'est autre chose, sous mille formes diverses, que l'homme mis à la place de Dieu et l'arbitraire humain substitué aux lois de l'ordre universel! Il est bien temps, sans doute, de s'arracher à une telle épidémie morale, si l'on ne veut en être complétement victime.

Après la révolution de 1830, on s'est occupé sérieusement d'éducation et d'instruction. Le sens démocratique rationnel se manifestait alors chez un certain nombre : il était actif, fécond même; mais les impatiences du parti avancé déterminèrent une lutte qui eut pour conséquence d'arrêter l'œuvre de toutes les associations éducationnelles : les héros du cloître Saint-Méry furent par une alliance monstrueuse les restaurateurs de la monarchie des doctrinaires; on exploita les inquiétudes que leurs prétentions avaient causées. L'œuvre d'éducation démocratique fut interrompue : elle n'a plus été reprise !

La révolution de 1848 devait en être la conséquence. Le 22 février

1848, nous répondions : Non, l'éducation sociale ne permet pas encore l'organisation d'une république. — Mais, nous répliquait-on, avec la liberté cette éducation marchera rapidement, aidée par l'esprit français. L'esprit français, sphinx nouveau qu'un seul avait su comprendre.

La république fut proclamée ; nos amis se rallient pour l'œuvre de l'éducation démocratique fondée sur la morale civile, dictée par la loi d'ordre universel et providentiel. Mais en même temps c'est le clergé catholique que l'on allait chercher pour bénir les arbres de liberté : c'est le clergé catholique qui resta le directeur de l'éducation morale. Et l'on répondit alors à nos représentations : L'éducation aura son tour, mais la politique commande tout !

On ignorait donc que *la politique ne peut être qu'une conséquence de l'éducation publique, et que celle-ci est le produit de l'éducation privée ou de l'éducation morale !*

Les gouvernants ne possédaient donc pas les connaissances premières réclamées par la tâche qu'ils ambitionnaient de remplir et dans laquelle nous n'avons jamais réclamé une parcelle de participation. Dès qu'on méconnaissait la portée de nos représentations, nous n'avions rien à faire avec le pouvoir.

Après toutes ces épreuves assez instructives, que remarque-t-on sous le régime actuel ? C'est que l'esprit réformateur d'un gouvernement impérial dépasse constamment ce que les mœurs ou l'éducation publique permettent de réaliser. Les institutions cléricales absorbent plus que jamais les populations, et les efforts des démocrates rationnels, en vue d'une renaissance sérieuse de l'éducation laïque, sont considérés avec indifférence par les démocrates qui ont l'ambition de conduire ce parti, comme si la célébrité que leur fait la presse devait suffire à tout ! C'est toujours le même entraînement fatal !

Mais où conduisent-elles la démocratie, ces célébrités contemporaines ? Il n'est peut-être pas encore trop tard pour le leur demander. Et que signifie cette opposition parlementaire agissant isolément, sans concours, par l'éducation générale pratique ?

Oh ! qu'ils ont raison de sourire d'une telle démocratie, ceux qui ont à surveiller les petits airs prétentieux qu'elle se donne avec certains journaux dont l'impuissance est au-dessous de ce que la parole permet d'exprimer, et justement dans les choses premières, pour lesquelles il existe une liberté d'action suffisante !

Un tel langage est devenu le devoir de ceux qui observent le dédain constant des hommes influents de la démocratie pour la tâche de l'éducation morale. Il est aussi un devoir pour ceux qui, à la fin de 1847, annonçaient au gouvernement de Louis-Philippe, par le livre intitulé : *Conservateurs et Réformistes*, l'événement de février 1848 comme inévitable ; il est encore un devoir pour ceux qui ont fait vainement, dès le 22 février 1848 et jusqu'à la fin de la même année, les représentations rappelées plus haut ; il est enfin un devoir pour ceux qui font l'étude navrante de l'affaissement moral produit par l'éducation cléricale, qui devient de plus en plus générale, et qui ne trouve en face d'elle qu'un scepticisme ou un positivisme démoralisateur lui livrant les familles !

Quand on a le sentiment de la destinée terrestre assignée à chaque être humain par l'ordre universel et providentiel, on ne reste pas spectateur impassible de telles situations ; on les signale sans se lasser, sans se préoccuper du succès, et sans cesser de se dévouer à l'humble tâche de l'éducation morale ; on se contente, comme Alexandre Weill dans son *Syllabus*, Auguste Guyard dans sa *Commune modèle*, et nombre d'autres par des œuvres diverses, on se contente d'avoir satisfait à la maxime : *Fais ce que dois, advienne que pourra !*

L.-P. RICHE-GARDON.

RÉFLEXION FINALE.

Les nations qui atteignent, par leurs connaissances, l'âge viril de l'humanité, peuvent-elles, comme pouvoir, églises, associations ou simples individus, prétendre que leur liberté et leur raison sont affranchies de la soumission due par tous les humains à l'ordre universel, qui assigne la fonction ou la destinée de tous les êtres, en vue de l'harmonie de l'univers ?

Ces nations, ces églises, ces associations peuvent-elles proclamer une morale indépendante de la loi de vie établie par l'ordre providentiel ? Ne serait-ce pas se déclarer révolutionnaire contre l'ordre naturel ou divin, et autoriser la révolte des théocraties, des autocraties et des individus contre la loi morale universelle, œuvre de Dieu seul ?...

Découvrir la loi providentielle pour en pénétrer les idéals et l'appliquer à tout librement, n'est-ce pas la seule tâche de la liberté et de la raison humaine, puisque l'être fini ne peut même expliquer l'harmonie infinie ? R.-G.

1492 — Paris, imprimerie Jouaust, rue Saint Honoré, 338.

LA
RENAISSANCE

UNION PHILOSOPHIQUE ET RELIGIEUSE

REVUE
DU PROGRÈS MORAL ET SOCIAL

Et réalisation pratique de la culture intellectuelle morale et artistique
au sein des familles

Affirmation rationnelle de Dieu comme de l'immortalité de l'âme, pratique de l'amour du prochain, rappel de la destinée terrestre de l'Homme : voilà notre règle.

Cette affirmation n'est-elle pas le fondement et le lien de toutes les doctrines philosophiques et religieuses? N'est-elle pas aussi la condition première de tout ordre moral, de toute harmonie dans la famille, l'industrie et la société?

L'Evangile dit à tous : Aimez Dieu et aimez le prochain comme vous-même, c'est TOUTE la loi : N'est-ce pas appeler les sciences et la raison pour enseigner?

En présence du trouble moral et des réactions matérialistes déterminées par les prétentions cléricales, rappelons sans cesse que c'est l'éducation privée qui est appelée de nos jours à faire renaître la véritable éducation publique et religieuse : si l'éducation privée fait défaut plus longtemps, les sociétés modernes marchent vers un inconnu qui lègue à tous une grave responsabilité.

La tâche du père, de la mère, de l'institutrice, redevient donc le premier des sacerdoces.

Par la solidarité des concours, réalisons les moyens faciles pour tous d'accomplir cette tâche régénératrice.

Il faut renaître à la vie humaine réelle par l'éducation première : voilà le cri que le courage moral des esprits prévoyants fait partout retentir.

Le présent journal-revue vient répondre à ce cri dans la mesure des humbles forces de ses collaborateurs.

XIᵉ ANNÉE

Suite de LA VIE HUMAINE

Mensuel. — FRANCE, Un An : 7 fr. 50

Adresser *franco* toutes les demandes ou communications

AU RÉDACTEUR-GÉRANT, FONDATEUR : L.-P. RICHE-GARDON

PARIS, 5, RUE DE LA BANQUE

À droite dans le passage, au 3ᵉ